5.-7. Schuljahr

Jürgen Tille-Koch

W0051676

Mozart *kreativ*

Lebensgeschichte und Schaffen kreativ erarbeitet und umgesetzt

Lernen mit Erfolg

KOHL VERLAG

www.kohlverlag.de

Mozart kreativ

Lebensgeschichte und Schaffen kreativ erarbeitet und umgesetzt

1. Auflage 2015

© Kohl-Verlag, Kerpen 2015
Alle Rechte vorbehalten.

<u>Inhalt</u>: Jürgen Tille-Koch
<u>Coverbild</u>: © apops - fotolia.com
<u>Grafik & Satz</u>: Kohl-Verlag
<u>Druck</u>: farbo prepress GmbH, Köln
<u>Bildquellen</u>:

Seite 4-44 © vetkit - Fotolia.com; Seite 5 © fotomek - Fotolia.com; Seite 6 © fotomek - Fotolia.com, © fotomek - Fotolia.com; Seite 7 © commons.wikimedia.org; Seite 9 © fotomek - Fotolia.com, © fotomek - Fotolia.com; Seite 10 © JFL Photography - Fotolia.com, © Anibal Trejo - Fotolia.com, © Anibal Trejo - Fotolia.com; Seite 11 © commons.wikimedia.org; Seite 12 © commons.wikimedia.org, © Mihály Samu - Fotolia.com; Seite 13 © commons.wikimedia.org, © clipart.com, © DMM Photography Art - Fotolia.com; Seite 14 © clipart.com; Seite 15 © fotomek - Fotolia.com, Seite 16 © DMM Photography Art - Fotolia.com + orpheus - Fotolia.com, © DMM Photography Art - Fotolia.com + Inga Nielsen - Fotolia.com, © DMM Photography Art - Fotolia.com + Phototcreo Bednarek - Fotolia.com, © DMM Photography Art - Fotolia.com + Pixelshop - Fotolia.com, © DMM Photography Art - Fotolia.com + Samuel Borges - Fotolia.com, © DMM Photography Art - Fotolia.com + JFL Photography - Fotolia.com, © DMM Photography Art - Fotolia.com + mandritoiu - Fotolia.com; Seite 17 © DMM Photography Art - Fotolia.com + alexgris - Fotolia.com, © DMM Photography Art - Fotolia.com + seqoya - Fotolia.com, © DMM Photography Art - Fotolia.com + JFL Photography - Fotolia.com, © DMM Photography Art - Fotolia.com + Franco Visintainer - Fotolia.com, © DMM Photography Art - Fotolia.com + bobmachee - Fotolia.com, © DMM Photography Art - Fotolia.com + william 87 - Fotolia.com, © DMM Photography Art - Fotolia.com + sborisov - Fotolia.com, © DMM Photography Art - Fotolia.com + davis - Fotolia.com; Seite 18 © DMM Photography Art - Fotolia.com + MichaelFleischmann - Fotolia.com, © DMM Photography Art - Fotolia.com + TTstudio - Fotolia.com, © DMM Photography Art - Fotolia.com + sborisov - Fotolia.com, © DMM Photography Art - Fotolia.com + alexgris - Fotolia.com, © DMM Photography Art - Fotolia.com + photo 5000 - Fotolia.com, © DMM Photography Art - Fotolia.com + Gina Sanders - Fotolia.com, © DMM Photography Art - Fotolia.com + Riccardo Meloni - Fotolia.com, © DMM Photography Art - Fotolia.com + JFL Photography - Fotolia.com; Seite 19 © http://d-maps.com/carte.php?num_car=2232&lang=de; Seite 20 © fotomek - Fotolia.com, © fotomek - Fotolia.com; Seite 21 © fotomek - Fotolia.com, © kellyreekolibry - Fotolia.com; Seite 22 © Jürgen Fälchle - Fotolia.com, © sinuswelle - Fotolia.com, © Thaught Images - Fotolia.com, © Gary - Fotolia.com; Seite 28 © fotomek - Fotolia.com, © fotomek - Fotolia.com; Seite 29 © Deux Rondo - Fotolia.com; Seite 30 © Klaus Eppele - Fotolia.com, © paulmz - Fotolia.com, © gdvcom - Fotolia.com, © 3dmavr - Fotolia.com, © paulmz - Fotolia.com, © vetkit - Fotolia.com, © tonyjyothis - Fotolia.com, © denyshutter - Fotolia.com, © taro911 - Fotolia.com; Seite 33 © fotomek - Fotolia.com, © fotomek - Fotolia.com, © namosh - Fotolia.com; Seite 34 © clipart.com; Seite 35 © clipart.com; Seite 37 © fotomek - Fotolia.com; Seite 39 © clipart.com; Seite 40 © commons.wikimedia.org (7x), © Pietro Antonio Lorenzoni - commons.wikimedia.org, © http://www.aeiou.at/mz-amz-k.htm - commons.wikimedia.org; Seite 41 © commons.wikimedia.org (15x); Seite 42 © clipart.com (3x), © commons.wikimedia.org, © paulmz - Fotolia.com, © kellyreekolibry - Fotolia.com; Seite 43 © commons.wikimedia.org (2x), © Freesurf - Fotolia.com, © Marco Desscouleurs - Fotolia.com, © adogg - Fotolia.com, © KonArt - Fotolia.com, © clipart.com (2x); Seite 44 © commons.wikimedia.org; Seite 46 © http://d-maps.com/carte.php?num_car=2232&lang=de; Seite 47 © clipart.com

Bestell-Nr. 11 780

ISBN: 978-3-95686-769-9

Inhalt

MOZART KREATIV Lebensgeschichte und Schaffen kreativ erarbeitet und umgesetzt – Bestell-Nr. 11 780

KOHL VERLAG

Vorwort

Schon wieder Mozart? Ja!

> "Wenn Mozart heute lebte, wäre er Rock'n'Roll-Mu-
> siker und kein Klassiker. Schon damals war er ein Un-
> terhalter und seinen Zeitgenossen weit voraus."
>
> Falco, österreichischer Popsänger, 1957-1998

Die Bildungspläne schreiben eine sinnvolle Orientierung im vielfältigen Kulturangebot durch eine abwechslungsreiche, handlungsorientierte Auseinandersetzung mit Komponisten und Werken aus verschiedenen Epochen, Gattungen und Stilarten vor. Dabei erwerben die Schülerinnen und Schüler in Verbindung mit musikalischer Praxis Sachkenntnisse und werden zu überlegten Urteilen und Wertungen befähigt. Gemeinsames vokales und instrumentales Musizieren, Umsetzen von Musik in Bewegung, Tanz, Szene oder Bild eröffnet bei unterschiedlichen Lernvoraussetzungen unmittelbare Zugänge zur Musik und unterstützen Persönlichkeitsentwicklung, Teamfähigkeit, Kooperationsfähigkeit, Kommunikationsfähigkeit und selbstbewusste Gestaltungsfähigkeit.

Dieser Band orientiert sich an der Entwicklung dieser Qualifikation. Dabei ist die Faszination des großen Mozart ungebrochen und ein inhaltliches Muss für jeden Musikunterricht.

„ Mozart kreativ " lässt die Jugendlichen das Phänomen Mozart hautnah erleben. Vergleiche mit dem eigenen Leben, Wohnen und Freizeitverhalten führen neben vielen Informationen zum Verstehen dieses „Wunderkindes". Spielerische und kreative Auseinandersetzungen mit musikalischen und alltäglichen Situationen aus heutiger und früherer Sicht lassen Mozart leben mit einem Fokus auf die Inhalte

*   Popsong „Rock me Amadeus",
*   sein Leben,
*   seine Reisen und
*   seine Musik an 3 Beispielen.

Dabei bietet die Konzeption methodische Umsetzungsmöglichkeiten in der Klasse, in Klein- oder Großgruppen oder in Einzelarbeit an.

Viel Erfolg und Spaß bei einem zeitgemäßen Umgang mit dem Klassik-Thema wünscht Ihnen das Team des Kohl-Verlages und

Jürgen Tille-Koch

Bedeutung der Symbole:

 Einzelarbeit
EA

 Partnerarbeit
PA

 Arbeiten in kleinen Gruppen

 Arbeiten mit der ganzen Gruppe

MOZART KREATIV Lebensgeschichte und Schaffen kreativ erarbeitet und umgesetzt – Bestell-Nr. 11 780

Allgemeine methodisch-didaktische Hinweise

Lehrer-Info

Die in 5 Kapitel eingeteilten Inhalte sind auch unabhängig voneinander einsetzbar. Klassen, die Erfahrungen in selbstständigen und kooperativen Lernformen haben, können Kapitel 1 – 3 auch in Gruppen erarbeiten und in der Klasse präsentieren.

1 Rock me Amadeus (Seiten 6 - 8)

Als Einstieg und Motivationsgeber ist dieses Kapitel gut geeignet. Die audio-visuelle Präsentation unter dem Link *https://www.tape.tv/falco/videos/rock-me-amadeus* sollte dabei unbedingt berücksichtigt werden. Der Text gibt zeitgemäße, wenige Informationen über Mozarts Leben, die in 4 Gruppen erarbeitet und präsentiert werden.

2 Mozarts Leben (Seiten 9 - 14)

Das fiktive Interview mit Mozart in seinem Salzburger Geburtshaus stellt wesentliche Informationen aus seinem kurzen, aber produktiven Leben zusammen. Das Interview wird in Dialogform gelesen, wobei sich Partnerarbeit mit wechselnden Rollen anbietet. Der anschließende Steckbrief fasst die Informationen des Interviews zusammen.

3 Mozarts Reisen (Seiten 15 - 19)

Mit Hilfe einer Europakarte, die im Klassenraum aushängt oder als Atlas den erarbeitenden Gruppen vorliegt, werden die Reiserouten in die Vorlage eingearbeitet und wie angegeben farbig visualisiert. Der Einsatz eines Lineals ist dabei sinnvoll.

4 Mozarts Musik (Seiten 20 - 36)

In diesem Zusammenhang sind die 3 Musikbeispiele als exemplarisch anzusehen. Sie sollten im Original als CD für einen Einsatz vorbereitet werden.
Die Aufgaben werden in der angegebenen Sozialform erarbeitet. Internet-Recherchen können die Lösungswege zu jeder Zeit begleiten. Die Realisation der Notationsvorlagen richtet sich nach dem vorhandenen Instrumentarium und den Fähigkeiten der Schülerinnen und Schüler. Die Instrumentierung kann individuell geändert, ergänzt oder gekürzt werden. Sie ist lediglich als Vorschlag anzusehen.

5 Kreative Gestaltung & Spiele (Seiten 37 - 44)

Ziel dieser spielerisch konzipierten Unterrichtsideen ist die Festigung von Wissen über Lebensdaten und Ereignisse in Mozarts Leben. Die Fragestellungen in Rätseln und Quiz und die Inhalte der Ereigniskarten im Würfelspiel beziehen sich in der Regel auf die in den Kapiteln erarbeiteten Informationen. Einige wenige Aufgabenstellungen erfordern individuelles Wissen und/oder können im Internet recherchiert werden.

MOZART KREATIV Lebensgeschichte und Schaffen kreativ erarbeitet und umgesetzt – Bestell-Nr. 11 780

1 Rock me Amadeus

Lehrer-Info

Das niederländische Produzentenduo Rob und Ferdie Bolland komponierten die Musik dieses Songs und schrieben den Text gemeinsam mit Falco. Der große Erfolg auf dem deutschsprachigen Markt überraschte, da erstmalig ein Text gerappt wurde und tatsächlich eine neue Art von Textpräsentationen eingeleitet wurde. Wegen des Erfolgs wurde das Album auch für das Ausland produziert. Im März 1986 war Rock Me Amadeus Nummer eins sowohl der „Billboard-Charts" als auch der „Cashbox-Charts" in den USA, im Vereinigten Königreich sowie in einigen asiatischen Ländern.

Als Vorbild des Liedes wurde der erfolgreiche Film „Amadeus" aus dem Jahr 1984 genommen. Im Video wird Falco auch einige Male als „Mozart-Punk" gezeigt.

Methodisch-didaktische Hinweise

Material/Medien:

- CD- oder Video-Aufnahme „Rock me Amadeus" über den Link https://www.tape.tv/falco/videos/rock-me-amadeus;

- 4 Flippapiere, Eddingstifte, Magnete für die Tafel

- Textvorlagen

Mögliche Unterrichtsschritte:

- Hören und Singen des Songs, Vorlage Seite 7

- Rückmeldungen zum Song

- Bearbeitung des Auftrags Seite 8.

Die von den einzelnen Gruppen auf dem Arbeitsblatt gesammelten Informationen werden auf die vorbereiteten Flippapiere übertragen und an der Tafel ausgehängt.

Strophe 1	Strophe 2	Strophe 3	Strophe 4

Die Ergebnisse der jeweils anderen Gruppen werden auf das Arbeitsblatt übertragen.

MOZART KREATIV Lebensgeschichte und Schaffen kreativ erarbeitet und umgesetzt – Bestell-Nr. 11 780

KOHL VERLAG

Songtext

EA

Aufgabe 1: *Höre und singe den Song „Rock me Amadeus" von Falco.*

Rock me Amadeus

Ooh, rock me Amadeus
Rock me Amadeus, rock me Amadeus
Rock me all the time to the top

1. Er war ein Punker und er lebte in der großen Stadt
Es war in Wien, war Vienna, wo er alles tat
Er hatte Schulden, denn er trank, doch ihn liebten alle Frauen
Und jede rief: Come and rock me Amadeus

2. Er war ein Superstar, er war so populär
Er war so exaltiert because er hatte Flair
Er war allen nur zu groß, er war ein Rockidol
Und alles rief: Come and rock me Amadeus

Refrain:

Amadeus, Amadeus, Amadeus
Amadeus, Amadeus, Amadeus
Amadeus, Amadeus, oh, oh, oh Amadeus
Come and rock me Amadeus

Amadeus, Amadeus, Amadeus
Amadeus, Amadeus, Amadeus
Amadeus, Amadeus, oh, oh, oh Amadeus

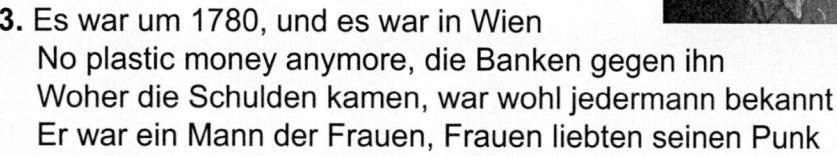

3. Es war um 1780, und es war in Wien
No plastic money anymore, die Banken gegen ihn
Woher die Schulden kamen, war wohl jedermann bekannt
Er war ein Mann der Frauen, Frauen liebten seinen Punk

4. Er war ein Superstar, er war so populär
Er war so exaltiert, genau das war sein Flair
Er war ein Virtuose, war ein Rockidol
Und alles ruft noch heute: Come and rock me Amadeus

Refrain

Amadeus, Amadeus, Amadeus
Amadeus, Amadeus, Amadeus
Amadeus, Amadeus, oh, oh, oh Amadeus
Come and rock me Amadeus

Amadeus, Amadeus, Amadeus
Amadeus, Amadeus, Amadeus
Amadeus, Amadeus, oh, oh, oh Amadeus

https://www.tape.tv/falco/videos/rock-me-amadeus

MOZART KREATIV Lebensgeschichte und Schaffen kreativ erarbeitet und umgesetzt – Bestell-Nr. 11 780

KOHL VERLAG

1 **Rock me Amadeus**

Zum Text

EA

Aufgabe 2: *Bildet 4 Gruppen und setzt den Auftrag um. Zeit: 10 Minuten*

a) „In den Strophen findest du Informationen über Mozart. Fasst diese Informationen in Stichworten auf dem Flippapier zusammen. Eure Gruppennummer entspricht der entsprechenden Strophe. Übertragt eure Ideen auf das vorbereitete Flippapier und hängt es an der Tafel aus. Präsentiert eure Ergebnisse mit zusätzlichen Erklärungen."

Strophe 1	Strophe 2

Strophe 3	Strophe 4

b) Übertrage die Ergebnisse der anderen Gruppen auf diese Vorlage.

MOZART KREATIV Lebensgeschichte und Schaffen kreativ erarbeitet und umgesetzt – Bestell-Nr. 11 780
KOHL VERLAG Lernen mit Erfolg

2 Sein Leben

Lehrer-Info

Wolfgang Amadeus Mozart hieß mit vollständigem Taufnamen: Joannes Chrysostomus Wolfgangus Theophilus Mozart, geb. am 27. Januar 1756 in Salzburg; gest. am 5. Dezember 1791 in Wien. Er war ein Komponist der Wiener Klassik. Sein umfangreiches Werk genießt weltweite Popularität und gehört zum Bedeutendsten im Repertoire klassischer Musik. Er selbst nannte sich meist Wolfgang Amadé Mozart. Folgende wesentliche Stationen können festgehalten werden:

- Das Wunderkind (1756 - 1766)
- Erste Kompositionen in Wien und die Italienreise (1766 - 1771)
- Konzertmeister in Salzburg (1772 - 1777)
- Auf Stellensuche und erneut Salzburg (1777 - 1781)
- Freischaffender Komponist in Wien (1781 - 1791)
- Letzte Werke und früher Tod

Nach heutigen Maßstäben war Mozart ein Großverdiener, dennoch war er aufgrund seines Lebenswandels oft in finanziellen Nöten. Er bewohnte große Wohnungen und beschäftigte viel Personal, außerdem wird eine Leidenschaft für Karten- und Billardspiele mit hohen Einsätzen angenommen. Das ist allerdings nicht bewiesen. Mozart starb nicht in Armut.

Methodisch-didaktische Hinweise

Hinweise auf Mozarts Geburtshaus und „Wohnzimmer" (Aufgabe 1, S. 10) werden mit der eigenen Situation verbunden. Es sollte auf jeden Fall Raum für mögliche Diskussionen eingeplant werden.

Das fiktive Interview (Aufgabe 2, S. 11 - 13) gibt die wesentlichen Informationen zu Mozarts Leben. Die Umsetzung des Interviews kann in verschiedenen Formen erfolgen:

- Lesen im Plenum mit den beiden Rollen.
- Spielerisches Erlesen vor der Klasse von 2 Schülern.
- Partnerlesen im Klassenraum.
- Partnerlesen an verschiedenen Orten des Schulgebäudes.

Der Steckbrief wird in Einzel- oder Partnerarbeit orientiert am gelesenen Text erstellt.

Aufgabe 4 (S. 15) fordert zur Auseinandersetzung mit Mode und Outfit der damaligen Zeit auf. Individuelle Überlegungen und die Umsetzung eigener Vorstellungen zu Frisur und Mode übertragen auf Mozarts Zeit führen zu Lösungen. Die skizzierten Ergebnisse werden im Unterrichtsraum als Ausstellung ausgehängt und besichtigt.

MOZART KREATIV Lebensgeschichte und Schaffen kreativ erarbeitet und umgesetzt – Bestell-Nr. 11 780

KOHL VERLAG

2 Sein Leben

Das Geburtshaus

Aufgabe 1: *Mozart hat natürlich so wie du eine Adresse nach seiner Geburt gehabt.*

EA

a) Erinnerst du dich an deine erste Adresse nach deiner Geburt und an euer Wohnzimmer? Zeichne oder beschreibe, was du weißt.

b) Schau dir Mozarts Geburtshaus in Salzburg und das Wohnzimmer der Familie an. Beschreibe beides in den entsprechenden Feldern.

MOZART KREATIV Lebensgeschichte und Schaffen kreativ erarbeitet und umgesetzt – Bestell-Nr. 11 780

KOHL VERLAG

2 Sein Leben

Interview mit Mozart

EA

Aufgabe 2: *Ein Jahr vor seinem Tod am 5. Dezember 1791 in Wien erzählte Wolfgang Amadeus Mozart in einem Interview über sein Leben.*

a) Lies das Interview mit Wolferl, das so in seinem Geburtshaus bei Kerze und Öllampe stattgefunden haben könnte.

Interviewer	In Ihrem Geburtshaus ist es sehr gemütlich, Herr Mozart!
	Ach, sagen Sie doch Wolfgang, also Wolferl!
Interviewer	Vermissen Sie nicht einen Fernseher, Telefon, Computer, Radio, CDs?
	Nein. Ich habe ein Klavier und eine Geige. Selber Musik machen ist am schönsten.
Interviewer	Mit wem haben Sie denn hier gewohnt? Haben Sie Geschwister?
	Mein Vater heißt Leopold, meine Mutter wie meine Schwester Anna Maria. Ich nenne sie Nannerl. Sie ist am 30. Juli 1751 geboren, ich am 27. Januar. Nannerl ist 5 Jahre älter als ich. Eigentlich sind wir 7 Kinder, aber nur wir zwei leben noch. Nannerl hat wie ich blonde Haare, blaue Augen und als Lieblingsessen Sauerkraut und Leberknödel.
Interviewer	Den Namen Amadeus gibt es selten.
	Eigentlich habe ich vier Vornamen: Johannes, Chrysostomos, Wolfgang und Gottlieb. Auf einer meiner Italienreisen habe ich später aus Gottlieb Amadeus gemacht. Amare ist lateinisch und heißt lieben, deus bedeutet Gott. Das klingt in Italien doch viel besser.
Interviewer	Wann haben Sie Ihre Constanze geheiratet?
	Genau heißt sie Maria Constanze Cäcilia Josepha Johanna Aloisia geb. Weber. Wir haben am 4. August 1782 geheiratet.
Interviewer	Haben Sie Kinder zusammen?
	Ja. Wir haben 6 Kinder: Raimund Leopold, Carl Thomas, Johann Thomas Leopold, Theresia Constanzia Adelhaid Friederike Maria Anna, Anna Maria und Franz Xaver Wolfgang. Es haben aber nur Carl Thomas und Franz Xaver Wolfgang überlebt.
Interviewer	Viele Menschen sprechen von Ihnen als Wunderkind.
	Ach so, ja. Mit drei Jahren fing ich an Klavier zu spielen, lernte mit vier Jahren Geige und gab mit fünfeinhalb mein erstes öffentliches Konzert.

MOZART KREATIV Lebensgeschichte und Schaffen kreativ erarbeitet und umgesetzt – Bestell-Nr. 11 780

Interview mit Mozart

Interviewer	Haben Sie tatsächlich freiwillig gelernt und geübt?
	Ohne meinen strengen Vater wären meine Talente wohl erst später erkannt worden. Dann hatte ich zwei entscheidende Gaben: Das absolute Gehör und ein musikalisches Gedächtnis. Ich hörte die kleinsten Fehler und konnte ein Musikstück nach einmaligem Hören sofort nachspielen.
Interviewer	Das kann wirklich nur ein Wunderkind. Sie haben vorhin eine Ihrer Italienreisen erwähnt. Welche Reisen haben Sie noch gemacht?
	Ich war acht, als mein Vater, Nannerl und ich mit der Postkutsche auf die größte Reise gingen. Wir fuhren durch viele deutsche Städte, dann durch Holland nach Belgien und Frankreich. Und schließlich auch noch nach England. In jeder größeren Stadt gaben wir Konzerte.
Interviewer	Wie lange sind Sie auf dieser großen Reise unterwegs gewesen?
	Über dreieinhalb Jahre. In Paris und London haben wir vor den Königsfamilien gespielt. Vor unserer Reise habe ich ein Konzert bei unserer Kaiserin Maria Theresia in Österreich gegeben. Ich werde jetzt noch ganz rot, wenn ich dran denke, dass ich vor Freude auf ihren Schoß gesprungen bin und sie abgebusselt habe.
Interviewer	Haben alle die Reise ohne Probleme überstanden?
	Nein. Nannerl und ich sind auf der Rückreise todkrank geworden. Zuerst bekamen wir Typhus und später auch noch Pocken. Das lag wohl an der unbequemen und ungeheizten Postkutsche – da mussten wir ja krank werden.
Interviewer	Wie war das denn mit der Schule und Freunden?
	Das war ein großes Problem. Wir waren oft Jahre unterwegs, pro Tag fuhr die Post höchstens 50 km. Ich konnte nie mit Freunden spielen, das habe ich sehr vermisst. Meine Hobbies Spiele, Kartentricks, Billard und Kegeln konnte ich meistens nur mit Nannerl und meinem Vater ausüben. Eine Schule habe ich auch nicht besuchen können. Rechnen, Schreiben, Lesen, Französisch, Englisch und Italienisch lernte ich von meinem Vater zu Hause und unterwegs.

MOZART KREATIV Lebensgeschichte und Schaffen kreativ erarbeitet und umgesetzt – Bestell-Nr. 11 780
KOHL VERLAG

b) Stimmt es oder stimmt es nicht? Kreuze an.

EA

1
Er spielt Klavier und Geige.
○ nein
○ ja

2
Sein Lieblingsessen ist Rotkraut mit Semmelknödeln.
○ nein
○ ja

3
Den Namen Amadeus gibt es oft.
○ nein
○ ja

4
Er heiratete Constanze am 4. August 1778.
○ nein
○ ja

5
Er fing mit 8 Jahren an, Klavier zu spielen.
○ nein
○ ja

6
Er hatte das absolute Gehör.
○ nein
○ ja

7
Er ging mit der Eisenbahn auf Reisen.
○ nein
○ ja

8
Er hatte vier Vornamen.
○ nein
○ ja

9
Seine Hobbies waren Kartentricks, Spiele, Billard und Kegeln.
○ nein
○ ja

MOZART KREATIV Lebensgeschichte und Schaffen kreativ erarbeitet und umgesetzt – Bestell-Nr. 11 780

Lernen mit Spaß
KOHL VERLAG

2 **Sein Leben**

Steckbrief

Aufgabe 3: *Du hast bisher viel über Mozarts Leben erfahren.*
Erstelle aus den Informationen einen Steckbrief über Mozart.

EA

Name: _____

Spitzname: _____

Geburtsort: _____

geboren: _____

gestorben: _____

Eltern: _____

Ehefrau: _____

Kinder: _____

_____

Haarfarbe: _____

Augenfarbe: _____

Schulbildung: _____

Sprachen: _____

_____

Lieblingsessen: _____

Hobbies: _____

MOZART KREATIV
Lebensgeschichte und Schaffen kreativ erarbeitet und umgesetzt – Bestell-Nr. 11 780
KOHL VERLAG

Lehrer-Info / Methodisch-didaktische Hinweise

Die Gruppenarbeit zu den Städten, in denen Mozart Konzerte gab, auf den Seiten 16 - 18 sind auch als strukturierte Gruppenarbeit umzusetzen. Es werden 6 Gruppen gebildet. Jede Gruppe bekommt vier Städte zugewiesen, eine Gruppe nur drei. So kann gesteuert werden, welche Gruppe je nach Leistungsvermögen welche Städte bearbeitet.

Die Kartenvorlage Seite 19 wird von Kleingruppen mit Hilfe einer Europakarte im Atlas ausgefüllt. Die Schülerinnen und Schüler erhalten Anweisungen, die sich an der folgenden Auflistung orientieren:

- Ortsnamen werden eingesetzt.
- Jeder Route wird eine Farbe zugeordnet.
- Die Städte jeder Route werden mit der zugeordneten Farbe und Lineal gekennzeichnet.

Rund um das Reisen

EA

Aufgabe 1: *Mozart hat mit der Postkutsche insgesamt 8 große Konzertreisen in Europa gemacht.*

a) Lies die Übersicht über seine Reisen.

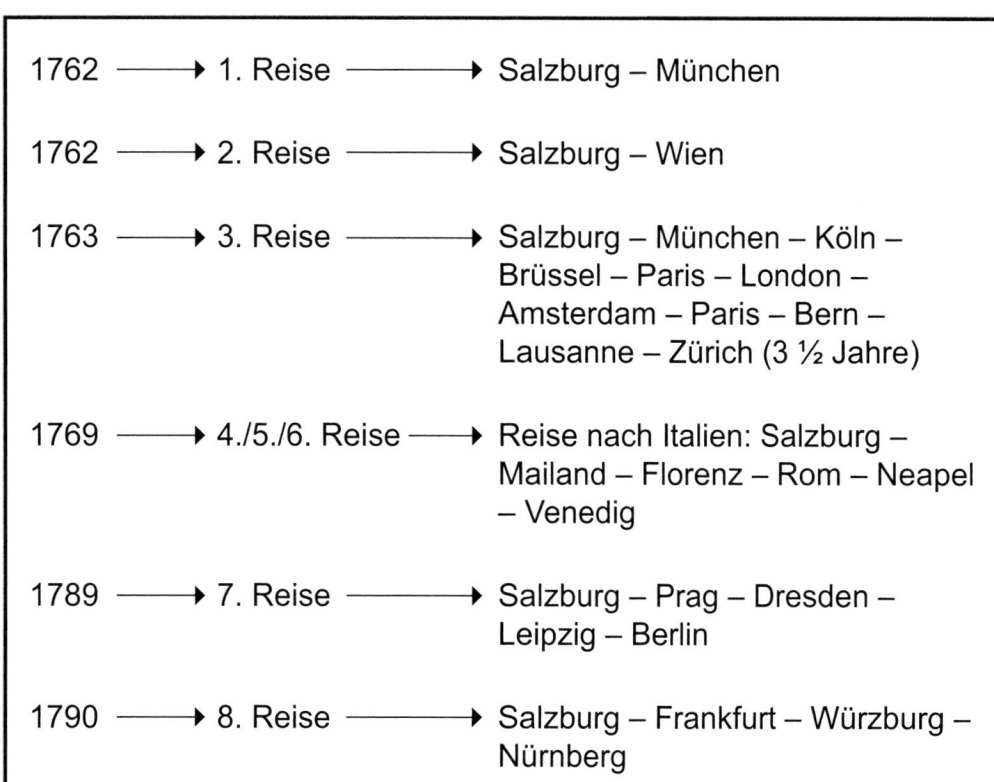

1762 ⟶ 1. Reise ⟶ Salzburg – München

1762 ⟶ 2. Reise ⟶ Salzburg – Wien

1763 ⟶ 3. Reise ⟶ Salzburg – München – Köln – Brüssel – Paris – London – Amsterdam – Paris – Bern – Lausanne – Zürich (3 ½ Jahre)

1769 ⟶ 4./5./6. Reise ⟶ Reise nach Italien: Salzburg – Mailand – Florenz – Rom – Neapel – Venedig

1789 ⟶ 7. Reise ⟶ Salzburg – Prag – Dresden – Leipzig – Berlin

1790 ⟶ 8. Reise ⟶ Salzburg – Frankfurt – Würzburg – Nürnberg

MOZART KREATIV
Lebensgeschichte und Schaffen kreativ erarbeitet und umgesetzt – Bestell-Nr. 11 780
KOHL VERLAG

3 Seine Reisen

b) Die Städte, in denen Mozart Konzerte gab, sind auch heute noch sehr bekannt.

Bildet Gruppen, teilt die Städte untereinander auf und findet die Lösungen:

- Zu welchem Land gehört die Stadt?
- Was macht die Stadt berühmt?

Brüssel in _____

Lausanne in _____

Würzburg in _____

Neapel in _____

Rom in _____

Amsterdam in _____

Bern in _____

MOZART KREATIV Lebensgeschichte und Schaffen kreativ erarbeitet und umgesetzt – Bestell-Nr. 11 780

Lernen mit Erfolg KOHL VERLAG

3 Seine Reisen

Nürnberg in _____

Leipzig in _____

Dresden in _____

Paris in _____

Salzburg in _____

Köln in _____

Florenz in _____

Frankfurt in _____

KOHL VERLAG   MOZART KREATIV   Lebensgeschichte und Schaffen kreativ erarbeitet und umgesetzt   –   Bestell-Nr. 11 780

3 Seine Reisen

München in _____

Wien in _____

Berlin in _____

Zürich in _____

London in _____

Mailand in _____

Prag in _____

Venedig in _____

MOZART KREATIV
Lebensgeschichte und Schaffen kreativ erarbeitet und umgesetzt – Bestell-Nr. 11 780

KOHL VERLAG

Reisen auf der Europakarte

EA

Aufgabe 3: *Trage die in der Übersicht genannten Städtenamen in diese Karte ein. Kennzeichne jede einzelne Reiseroute in einer anderen Farbe auf der Karte.*

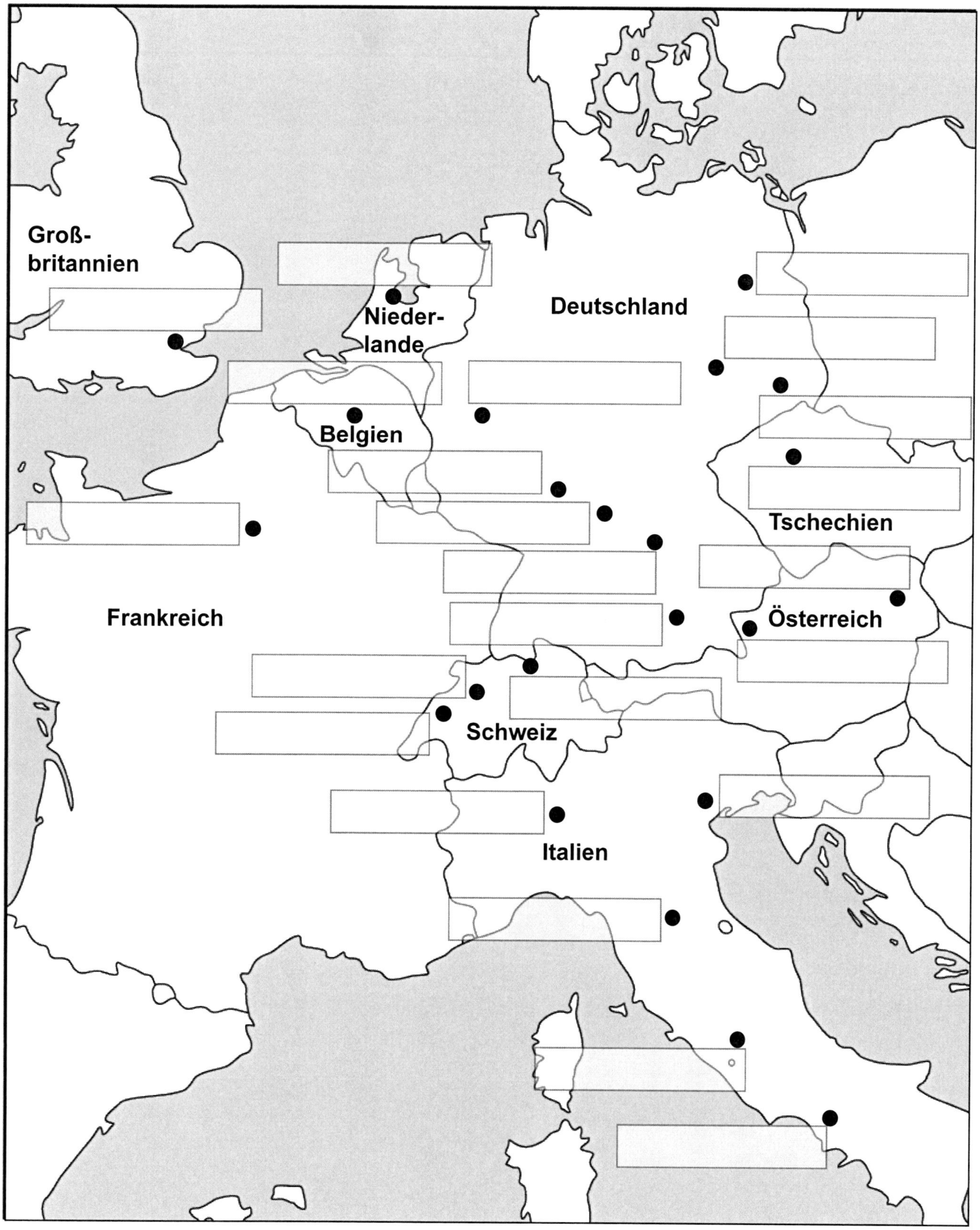

Groß-britannien

Niederlande

Deutschland

Belgien

Tschechien

Frankreich

Österreich

Schweiz

Italien

MOZART KREATIV   Lebensgeschichte und Schaffen kreativ erarbeitet und umgesetzt   –   Bestell-Nr. 11 780

KOHL VERLAG

Lehrer-Info über Mozarts Werke

Eine Übersicht über Mozarts Schaffen:

- 21 Opern

- 18 Messen

- ca. 60 Sinfonien (einige liegen nur fragmentarisch vor)

- 30 Klavierkonzerte

- 12 Werke für Streichinstrumente und Orchester

- 13 Werke für Blasinstrumente

- 4 Flötenkonzerte und -sätze

- 5 Hornkonzerte und -sätze

- 23 weitere Orchesterwerke wie Serenaden, Notturni, Divertimenti, Märsche und Kassationen

- 10 Werke für Kammermusik

- 18 Klavierkonzerte sowie weitere Einzelstücke

- 42 Lieder

- 7 Kanons

Lehrer-Info

Eine kleine Nachtmusik Serenade G-Dur KV 525 (1787)

Die Serenade Nr. 13 für Streicher in G-Dur KV 525 ist eine der populärsten Kompositionen von Wolfgang Amadeus Mozart. Ihren Beinamen „Eine kleine Nachtmusik" verdankt sie Mozarts Eintrag in seinem Werkverzeichnis. Die „Kleine Nachtmusik" ist für ein Kammermusikensemble von zwei Violinen, Bratsche, Violoncello und Kontrabass geschrieben.

Das Hauptthema wirkt wie eine Fanfare und könnte als Ausruf der Serenade aufgefasst werden.

Die ersten vier Takte des Werkes bestehen aus einfachen Grundlagen musikalischer und kompositorischer Gestaltungsmöglichkeit. Die Grundtonart des Werkes ist G-Dur. Mozart zerlegt in den ersten beiden Takten den G-Dur Akkord g h d, dem er die 5. Stufe, die Dominanttonart mit dem Dominantseptakkord d fis a c im dritten und vierten Takt folgen lässt.

MOZART KREATIV Lebensgeschichte und Schaffen kreativ erarbeitet und umgesetzt – Bestell-Nr. 11 780

Lehrer-Info <u>Methodisch-didaktische Hinweise - Eine kleine Nachtmusik</u>

Das Äußern und Formulieren von Gefühlen ist in der Regel ein schwieriges Thema, sollte aber immer wieder inhaltlich berücksichtigt werden. „Eine kleine Nachtmusik" dient als Anlass, Gefühlseindrücke mit Instrumenten orientiert an den Tageszeiten wiederzugeben. Die Bildvorlagen in Aufgabe 1 a) Seite 22 dienen als Hilfe. Die Schüler übertragen ihre Ideen in ein vorbereitetes Tafelbild.

morgens	mittags
abends	nachts

Unterschiedliche Hörgewohnheiten und -erfahrungen können bei der anschließenden Zuordnung durchaus zu einem anderen als dem gewünschten Ergebnis führen. Sollte nach Hören des 1. Satzes die Zuordnung „nachts" nicht mehrheitlich erfolgen, wird das Beispiel nach nochmaligem Hören unter dem Aspekt des Titels im Plenum zur Diskussion gestellt und genauer hinterfragt.

Die ersten 4 Takte des Hauptthemas werden bei mehrmaligem Hören in grafischer Notation vorgelegt und hörend zugeordnet. Je nach Unterrichtsplanung und Zielsetzung kann der Inhalt „Grafische Notation" aufgegriffen und weitergeführt werden. Mit individuellen Ideen wird das Hauptthema grafisch notiert präsentiert und besprochen.

Die Realisation des notierten Teilsatzes kann im Plenum oder in Kleingruppen erfolgen.

MOZART KREATIV Lebensgeschichte und Schaffen kreativ erarbeitet und umgesetzt – Bestell-Nr. 11 780

KOHL VERLAG

Eine kleine Nachtmusik - Thema 1. Satz

EA

Aufgabe 1: *Musik kann Stimmungen und Vorgänge des täglichen Lebens darstellen. Welche Ideen und Vorstellungen hast du?*

a) Sammle mit deinem Partner Wörter, die Musik darstellen. Diese Musik soll verschiedene Tages- und Nachtzeiten beschreiben.

Tipps: - Welche Stimmung herrscht vor?
- Welche Instrumente stehen im Vordergrund?
- Welche Lautstärke ist vorwiegend zu hören? ...

b) Übertragt eure Vorschläge an das vorbereitete Tafelbild.

morgens · mittags · abends · nachts

EA

Aufgabe 2: *Hört das Musikstück „Eine kleine Nachtmusik"*

a) Beschreibe die Musik mit deinem Partner nach den Kriterien der Aufgabe 1 a). Notiert eure Wörter hier.

_____

_____

b) Welche Tages- bzw. Nachtzeit stellt eurer Meinung nach das Musikstück dar? Kennzeichnet eure Lösung mit einem x an der entsprechenden Stelle an der Tafel.

c) Welcher Meinung ist deine Klasse mehrheitlich? Kreise ein.

Morgen / Mittag / Abend / Nacht

MOZART KREATIV
Lebensgeschichte und Schaffen kreativ erarbeitet und umgesetzt – Bestell-Nr. 11 780
KOHL VERLAG

4 | Seine Musik – 3 Projekte

Eine kleine Nachtmusik - Thema 1. Satz

EA

Aufgabe 3: *Wolfgang Amadeus Mozart hat sein Musikstück „Eine kleine Nacht-musik" genannt. Hört das Stück noch einmal.*

    a) Welche Merkmale der Musik weisen deiner Meinung nach auf die Nacht hin? Notiere deine Ideen hier.

_____

_____

    b) Tauscht euch in der Klasse aus. Berücksichtige deine Notizen.

EA

Aufgabe 4: *Die ersten 4 Takte des Hauptthemas aus dem ersten Satz sehen im Notensatz so aus:*

Welche dieser graphischen Notationen entspricht dem originalen Noten-bild? Kreuze an.

a)
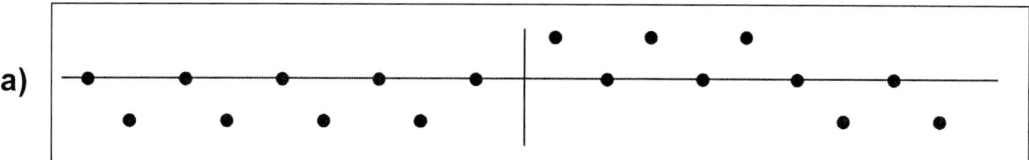

b)
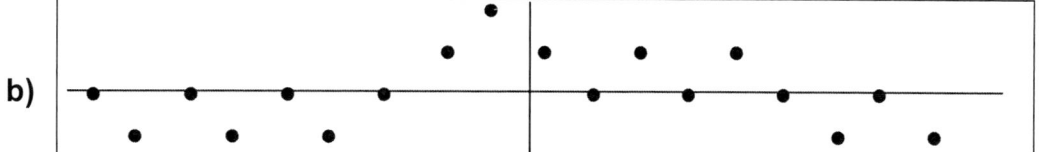

c)
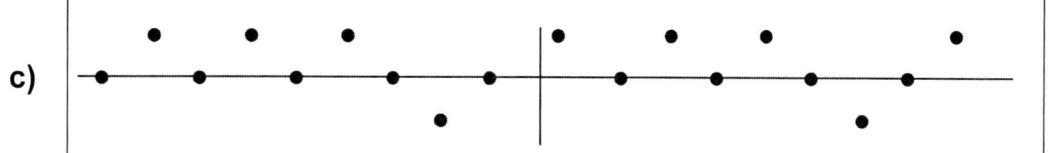

d)
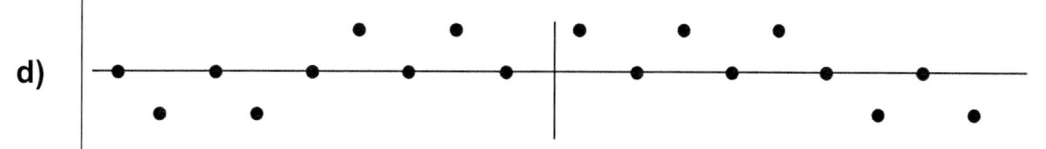

MOZART KREATIV Lebensgeschichte und Schaffen kreativ erarbeitet und umgesetzt – Bestell-Nr. 11 780

KOHL VERLAG

Eine kleine Nachtmusik - Thema 1. Satz

Aufgabe 4: *Präsentiert „Eine kleine Nachtmusik" mit der Klasse oder in einer kleinen Gruppe.*

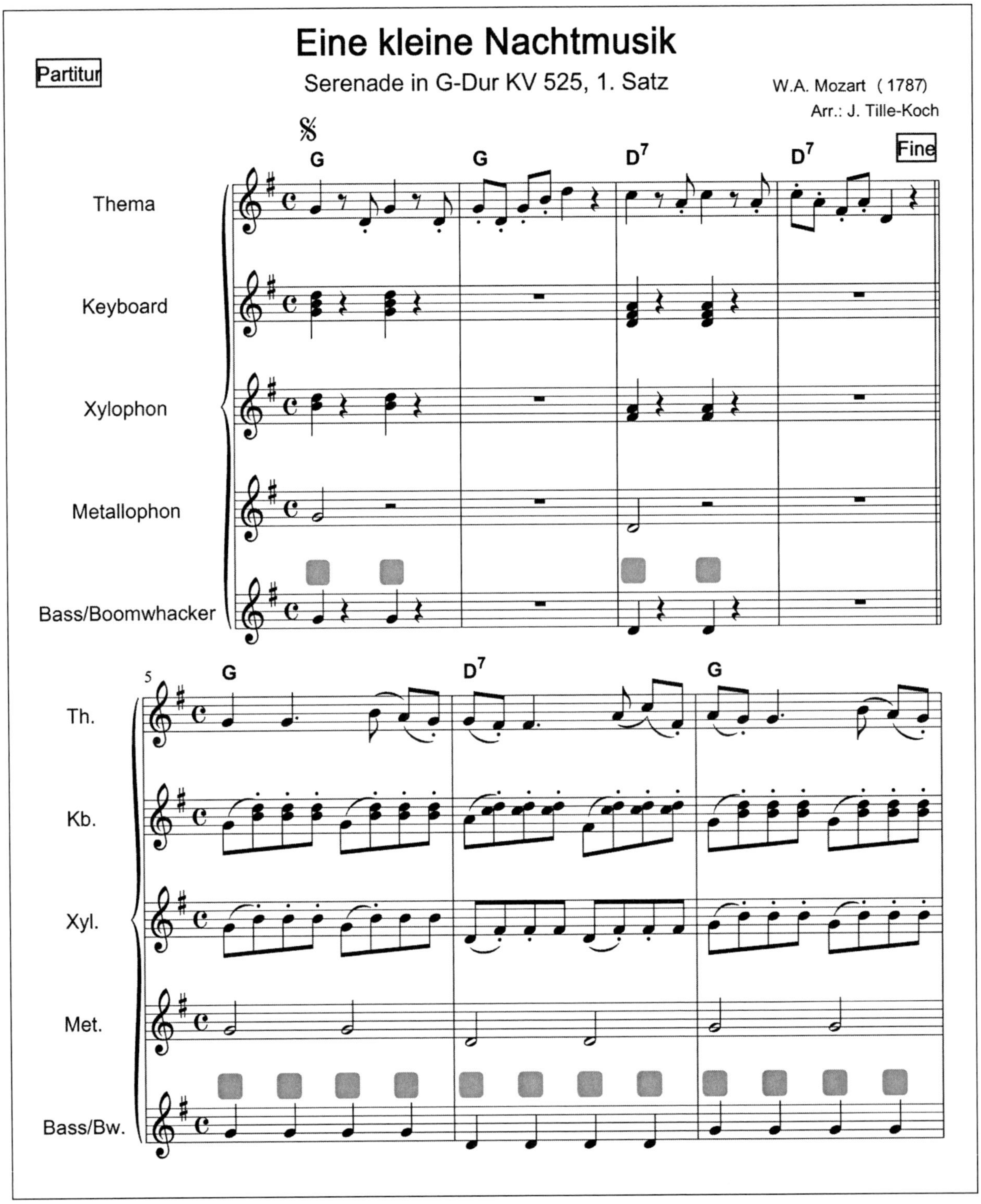

EA

Eine kleine Nachtmusik

Partitur

Serenade in G-Dur KV 525, 1. Satz

W.A. Mozart (1787)

Arr.: J. Tille-Koch

Thema

Keyboard

Xylophon

Metallophon

Bass/Boomwhacker

Th.

Kb.

Xyl.

Met.

Bass/Bw.

MOZART KREATIV
Lebensgeschichte und Schaffen kreativ erarbeitet und umgesetzt – Bestell-Nr. 11 780
KOHL VERLAG

Eine kleine Nachtmusik - Thema 1. Satz

MOZART KREATIV   Lebensgeschichte und Schaffen kreativ erarbeitet und umgesetzt   –   Bestell-Nr. 11 780

KOHL VERLAG

Eine kleine Nachtmusik - Thema 1. Satz

MOZART KREATIV Lebensgeschichte und Schaffen kreativ erarbeitet und umgesetzt – Bestell-Nr. 11 780

4 Seine Musik – 3 Projekte

Eine kleine Nachtmusik - Thema 1. Satz

MOZART KREATIV Lebensgeschichte und Schaffen kreativ erarbeitet und umgesetzt – Bestell-Nr. 11 780 · KOHL VERLAG

4 Seine Musik – 3 Projekte

Lehrer-Info

Sinfonie Nr. 40 g-Moll KV 550 (1788)

Die Sinfonie g-Moll Köchelverzeichnis 550 komponierte Wolfgang Amadeus Mozart im Juli 1788 in Wien. Nach der Alten Mozart-Ausgabe trägt die Sinfonie, seine vorletzte, die Nummer 40. Sie wurde noch zu seinen Lebzeiten uraufgeführt

In diesem Zusammenhang wird lediglich das erste Thema des ersten Satzes berücksichtigt.

Kennzeichnend für die Melodie ist der gebundene Halbtonschritt abwärts mit Wiederholung des Zieltons im Rhythmus zwei Achtel – eine Viertel. Diese Figur wird zunächst dreimal wiederholt und mit einer anschließenden Sexte aufwärts fortgeführt. Das Seufzermotiv des gebundenen Halbtonschritts abwärts mit der Tonwiederholung unterstützt den wehmütigen Charakter und ist für den weiteren Aufbau des Satzes von Bedeutung. Mozart soll diese Sinfonie unter dem Eindruck des Kindstodes seiner Tochter geschrieben haben.

Lehrer-Info

Methodisch-didaktische Hinweise - Sinfonie Nr. 40 g-Moll

Vor dem Hören des Seufzer-Motivs des Hauptthemas aus dem ersten Satz setzen die Schülerinnen und Schüler sich selbst mit dieser Form der Gefühlsäußerung auseinander. Die Vorlagen von Bildern zu Mimik und Gestik der Aufgabe 1 a) unterstützt die anschließende individuelle Darstellung von Seufzern mit dem Mund. Die Übertragung auf das vorhandene Instrumentarium erfordert eine intensive Experimentierphase.

Durch den in diesem Fall bewusst erzeugten, hohen Geräuschpegel stellen sich Planungsfragen:

- Können die Übungen der Kleingruppen im Freien auf dem Schulgelände stattfinden?

- Welches Instrumentarium kann zur Verfügung gestellt werden?

- Welche Übungszeit kann den Gruppen zur Verfügung gestellt werden?

Hörendes Erkennen des Seufzer-Motives am Original lässt die Vergleiche mit den eigenen Ergebnissen zu.

Die Qualität der Lösungen der Aufgaben Seite 29 mit dem instrumentalen Schwerpunkt richtet sich nach der Vorarbeit und dem damit verbundenen Vorwissen in der Klasse.

- Ist das klassische Instrumentarium schon thematisiert worden, können die Aufgaben von den Schülerinnen und Schülern ohne weitere Vorarbeit gelöst werden.

- Orientiert an vorhandenen Life-Instrumenten und Abbildungen in Verbindung mit Hörbeispielen können die Aufgaben nach intensiver Vorbereitung ebenfalls gelöst werden.

MOZART KREATIV Lebensgeschichte und Schaffen kreativ erarbeitet und umgesetzt – Bestell-Nr. 11 780

KOHL VERLAG

Sinfonie Nr. 40 g-Moll

EA

Aufgabe 1: *„Seufzen" ist eine Gefühlsäußerung, die Menschen in den verschiedensten Situationen äußern.*

   a) Schaut euch in eurer Gruppe die Illustrationen dieser seufzenden Kinder an.

   b) Tauscht euch aus: In welcher Situation können die Seufzer entstanden sein?

   c) Wie hören sich die Seufzer an? Stellt einzelne Seufzer einzeln und gemeinsam dar.

   d) Erfindet eigene Seufzer. Was sagen die anderen?

EA

Aufgabe 2: *Einen Seufzer kann man auch mit Instrumenten und Tönen darstellen.*

   a) Welche Merkmale sollte ein „instrumentaler" Seufzer haben? Probiert an vorhandenen Instrumenten Möglichkeiten aus und stellt sie euch vor.

   b) Präsentiert in der Klasse verschiedene Seufzer-Motive.

EA

Aufgabe 3: *Wolfgang Amadeus Mozart hat so wie ihr ein Seufzer-Motiv komponiert. Es erklingt zu Beginn des 1. Satzes der Sinfonie Nr. 40 g-Moll.*

   a) Hört euch den Anfang des Satzes an und verfolgt das Motiv.

   b) Tauscht euch in der Klasse aus, wie Mozart das Seufzer-Motiv umgesetzt hat und beschreibt es.

EA

Aufgabe 4: *Mozart hat die Sinfonie für folgende Instrumente eines Sinfonieorchesters komponiert:*

> 1 Querflöte, 2 Oboen, 2 Klarinetten, 2 Fagotte, 2 Hörner, 2 Violinen (Geigen), 1 Viola (Bratsche), 1 Cello (Violoncello), 1 Kontrabass

MOZART KREATIV Lebensgeschichte und Schaffen kreativ erarbeitet und umgesetzt – Bestell-Nr. 11 780

KOHL VERLAG

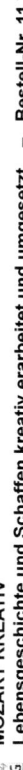

Sinfonie Nr. 40 g-Moll

Aufgabe 4: **a)** Verbinde das Bild des Instrumentes mit dem richtigen Namen.

EA

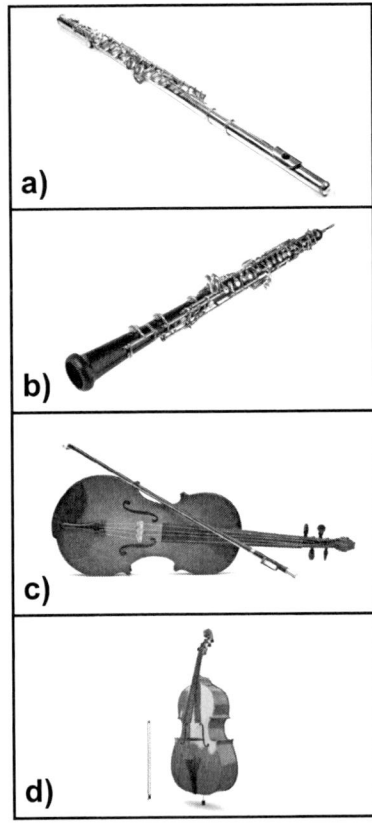

1. Bratsche

2. Cello

3. Fagott

4. Geige

5. Horn

6. Klarinette

7. Kontrabass

8. Oboe

9. Querflöte

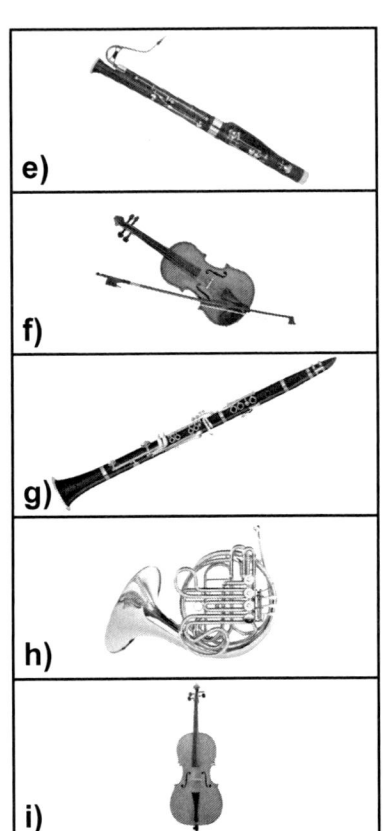

b) Das ist eine vereinfachte Skizze der Sitzordnung eines großen Sinfonieorchesters. Ordne die Instrumente der g-Moll-Sinfonie der richtigen Instrumentengruppe zu und trage sie ein.

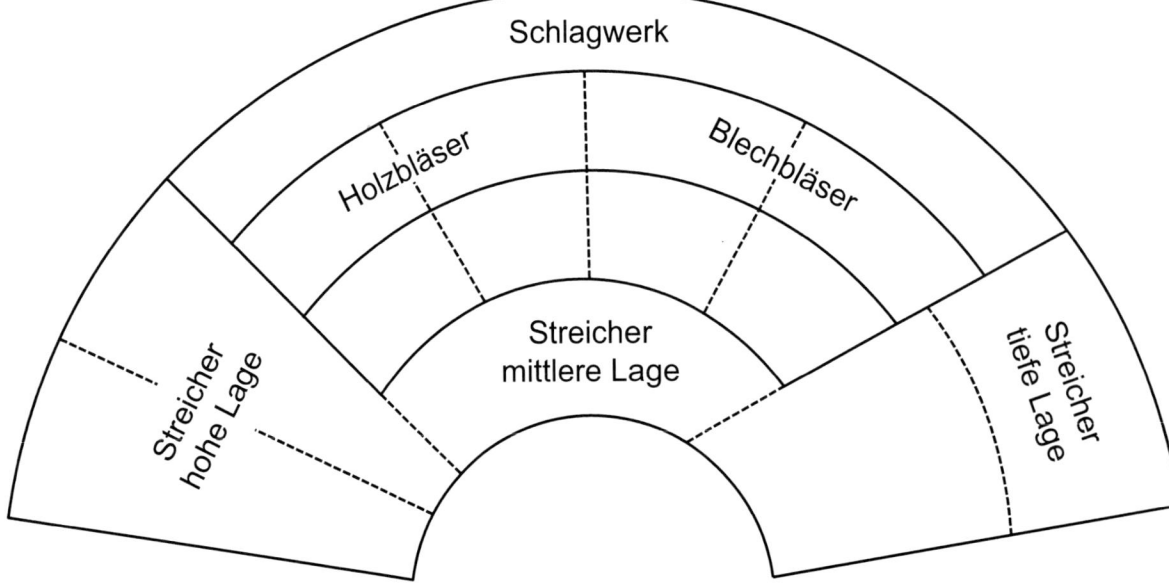

MOZART KREATIV Lebensgeschichte und Schaffen kreativ erarbeitet und umgesetzt – Bestell-Nr. 11 780

KOHL VERLAG

Sinfonie Nr. 40 g-Moll

EA

Aufgabe 5: *Präsentiert die „Sinfonie Nr. 40 g-Moll" mit der Klasse oder in einer kleinen Gruppe.*

Sinfonie Nr. 40 g-Moll
Thema 1. Satz KV 525

Arrangement

W.A. Mozart (1788)
Arr.: J. Tille-Koch

MOZART KREATIV
Lebensgeschichte und Schaffen kreativ erarbeitet und umgesetzt – Bestell-Nr. 11 780

Lernen mit Erfolg
KOHL VERLAG

Sinfonie Nr. 40 g-Moll

MOZART KREATIV
Lebensgeschichte und Schaffen kreativ erarbeitet und umgesetzt – Bestell-Nr. 11 780

KOHL VERLAG

Lehrer-Info: Die Zauberflöte Arie „Der Vogelfänger bin ich ja" KV 620 (1791)

„Die Zauberflöte", Mozarts letztes Bühnenstück, entstand in seinem Todesjahr 1791 und ist weltweit bekannt wie kaum eine andere Oper. Sein Freund Emanuel Schikaneder bat ihn, zu seinem Libretto eine Musik zu komponieren. In seiner Geschichte, die in der Fabelwelt spielt, bestimmen Märchen, Zauber und natürlich die Liebe das Geschehen. Als „Zauberhilfsmittel" dienen dem Vogelfänger Papageno Glockenspiel und Flöte. Die Flöte kommt in der vorliegenden Arie „Der Vogelfänger bin ich ja" zum Einsatz.

Die Musikbeispiele sind abgelegt auf www.youtube.com unter http://www.youtube.com/watch?v=b9XPv3nYkqY und auch unter dem nebenstehenden QR-Code:

1. Komplettversion mit instr. Gesangsstimme (2´33)
2. Playbackaufnahme Tempo 160 (2´33)
3. Playbackaufnahme Tempo 140 (2´52)

Lehrer-Info: Methodisch-didaktische Hinweise - „Der Vogelfänger bin ich ja"

- Die Arbeitsblätter „Inhalt" (S. 34 Aufgabe 1) und „Personen & Handlung" / „Figuren & Stimmen" (S. 35 Aufgabe 2) bereiten die Umsetzung der Arie vor und werden bei Bedarf als Hintergrundinformationen eingesetzt.

- Der Teil des Arbeitsblattes „Figuren & Stimmen" (Aufgabe 3) kann nur bei Hören einer Originalaufnahme mit der vokalen Einspielung gelöst werden.

Bestell-Nr. 11 780

MOZART KREATIV Lebensgeschichte und Schaffen kreativ erarbeitet und umgesetzt

KOHL VERLAG

Die Zauberflöte Arie „Der Vogelfänger bin ich ja"

Aufgabe 1: *Lest den Inhalt zur Oper „Die Zauberflöte".*

EA

Das „Gute" und das „Böse" stellen die „Ideale" der Zauberflöte dar. Vertreten werden sie durch die „Königin der Nacht", die sich im Lauf der Oper vom vermeintlich Guten zum Bösen verkehrt. Daneben wandelt sich „Sarastro" als anscheinender Bösewicht zu einem wohlwollenden und „guten" Priester. Die Königin will in den Besitz von Sarastros Reich gelangen, in dem ihre Tochter festgehalten wird. Sie selbst sagt im Verlauf der Oper, der verstorbene Vater habe sie zur Erziehung bei Sarastro gelassen. Zu Beginn der Oper verirrt sich Prinz Tamino auf der Jagd in einem fremden Waldgebiet. Eine Riesenschlange, die ihn bedroht, wird von den Damen der Königin vernichtet. Sie zeigen ihm ein Bild von Pamina, in das sich der Prinz sofort verliebt. Die Königin beauftragt ihn, Pamina aus der Gefangenschaft bei Sarastro zu retten. Der Vogelmensch Papageno wird ihm zur Seite gestellt. Als Hilfen erhalten Tamino eine Zauberflöte und Papageno ein Glockenspiel. Drei Knaben begleiten und beschützen die beiden auf ihrem Weg. Papageno, der das einfache Volk verkörpert, ist sich nicht im Klaren, auf welches Abenteuer er sich hier einlässt. Im Palast Sarastros kann zwar Papageno bis zu Pamina vordringen. Als er jedoch auf Monostatos, den schwarzen Wärter, trifft, halten sich beide gegenseitig für den Teufel. Tamino versucht in der Zwischenzeit in den Tempel einzudringen, der Eintritt wird aber mehrfach verwehrt. Ein Priester versucht ihn über Sarastro und den Palast aufzuklären, Tamino jedoch bleibt nach wie vor skeptisch. Erst als Sarastro selbst erscheint, kann Tamino von der Wahrhaftigkeit der Tempelbewohner überzeugt werden. Er lässt sich auf die Vorschläge der Priester ein, die ihm Pamina in Aussicht stellen, wenn er sich als geeignet erweist. In der Zwischenzeit kann die Königin selbst zu ihrer Tochter vordringen. Sie offenbart ihr, dass der verstorbene Vater das Mädchen Sarastro übergeben hat, um sie zu erziehen. Die Mutter gibt ihr einen Dolch, um Sarastro zu ermorden. Sie singt die berühmte Arie der „Königin der Nacht", in der sich ihr ganzer Hass auf den Priester zeigt. Monostatos belauscht die Szene und verlangt als Gegenleistung für sein Schweigen ihre Liebe. Das verweigert ihm das Mädchen jedoch. Erst das Erscheinen Sarastros macht der Szene ein Ende, Monostatos wird aus dem Tempel gejagt. Tamino und Papageno stehen drei schwere Prüfungen bevor, die ihre Eignung als Angehöriger der Priesterschaft erweisen sollen: Verschwiegenheits-, Feuer- und Wasserprobe. Papageno legt jedoch keinen Wert darauf, auch die Aussicht auf ein Mädchen stimmt ihn nur kurzzeitig um. Ihm steht der Sinn nach Essen, Trinken und Unterhaltung, was ihm letztlich auch gewährt wird. Nur Papagena fehlt noch. Pamina glaubt kurzzeitig, Tamino liebe sie nicht mehr, da er nicht mit ihr reden darf. Sie besteht jedoch mit ihm zusammen die restlichen Prüfungen. Die beiden gehören zusammen. Nach einigen Anläufen kommen auch Papageno und Papagena mit Unterstützung des Glockenspiels und der drei Knaben zusammen. Die Königin verbündet sich mit Monostatos. Gemeinsam versuchen sie den Palast zu stürmen. Dies misslingt, sie werden in die „ewige Finsternis" gestürzt. Mit der feierlichen Aufnahme Taminos und Paminas in den Kreis der Erleuchteten endet die Oper.

MOZART KREATIV Lebensgeschichte und Schaffen kreativ erarbeitet und umgesetzt – Bestell-Nr. 11 780

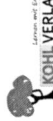

4 Seine Musik – 3 Projekte

Die Zauberflöte Arie „Der Vogelfänger bin ich ja"

EA

Aufgabe 2: *Trage diese Personen in die Felder der Übersicht ein!*

> das Böse – das Gute – drei Knaben – Hofdamen
> – Königin der Nacht – Monostratos – Pamina –
> Pagagena – Papageno – Priester – Sarastro – Tamino

übergeordnete Ebene

beeinflussen die Handlung

vertreten durch

unterstützt von

gehobene Schicht

↔

normales Volk

↔

positive Unterstützung

negative Einflüsse

beeinflussen die Handlung

EA

Aufgabe 3: *Höre Ausschnitte der betreffenden Figuren und ordne sie mit Pfeilen der jeweils richtigen Aussage bzw. Stimmlage zu!*

Sarastro	Sopran, leicht, mädchenhaft
Papageno	Bass, beruhigend, seriös
Königin der Nacht	Tenor, heroisch, ernsthaft
Tamino	Bariton, lustig, volkstümlich
Pamina	Sopran, gereizt, hysterisch

MOZART KREATIV Lebensgeschichte und Schaffen kreativ erarbeitet und umgesetzt – Bestell-Nr. 11 780

KOHL VERLAG

4 Seine Musik – 3 Projekte

Die Zauberflöte Arie „Der Vogelfänger bin ich ja"

EA

Aufgabe 4: *Singt gemeinsam die Arie des Papageno.*

Der Vogelfänger bin ich ja

Melodie/Text Arie des Papageno aus der Oper "Die Zauberflöte" (1791)

Text: E. Schickaneder
Musik: W.A. Mozart
Arr.: Jürgen Tille-Koch

EA

Aufgabe 5: *Plant in der Klasse die Szene mit und zu diesem Lied.*

- *Wer spielt die weibliche Hauptrolle?*
- *Wer spielt die männliche Hauptrolle?*
- *Wie können die Rollen der Darsteller beschrieben werden?*
- *...*

MOZART KREATIV
Lebensgeschichte und Schaffen kreativ erarbeitet und umgesetzt – Bestell-Nr. 11 780

KOHL VERLAG

Lehrer-Info/ Methodisch-didaktische Hinweise

Kreuzworträtsel „Mozart"

Die sich aus dem Satz ergebenden fehlenden Wörter werden in die Vorlage eingesetzt.

Kreuzworträtsel „Zauberflöte"

In diesem Kreuzworträtsel ergeben sich die Lösungswörter aus der gegebenen Definition bzw. Wortbeschreibung.

Mode & Outfit

In dieser Altersgruppe haben sich die Schülerinnen und viele Schüler mit Fragen von Mode und Haarschnitt individuell auseinandergesetzt. Ziele dieser kreativen Gestaltungsaufgabe sind die Identifizierung mit der Mozartzeit und die Auseinandersetzung mit Fragen zu Mode und Frisur heute und früher.

Quiz-Duell

Dieses Quiz-Duell findet mit einem Partner statt. Ein Spiel besteht aus zwei Sets mit insgesamt 24 Karten, die ausgeschnitten werden: Ein Set ist gegeben durch bereits vorformulierte Fragen und angegebene Lösungen, das zweite Set wird durch individuelle Überlegungen selbst entworfen. Dazu werden die vorgefertigten Leerfelder entsprechend häufig kopiert.

Spielregeln: Ein gegebener Kartensatz wird mit einem individuell erstellten gemischt. Bei einer falschen Antwort wechseln die Quizkarten an den Partner usw..

Variante: Einige individuell erstellte und von den Urhebern markierte Kartensätze werden zusammengelegt und gemischt.

Sextett

Die gesuchten Begriffe werden im Uhrzeigersinn beginnend im Zahlenkästchen eingesetzt. Die Wörter im ersten und letzten Ring haben jeweils einen, die anderen zwei gemeinsame Buchstaben.

Würfelspiel

Für das Würfelspiel werden Würfel und farbige Spielsteine bzw. –figuren benötigt. Die Ereigniskarten werden ausgeschnitten auf den Spielplan gelegt. Die Mitspieler stellen sich vor dem ersten Feld auf. Gewonnen hat der Mitspielen, der mit genauer Augenzahl auf dem Begriff „Ziel" landet.

MOZART KREATIV Lebensgeschichte und Schaffen kreativ erarbeitet und umgesetzt – Bestell-Nr. 11 780

Kreuzworträtsel „Mozart"

1. „Don Giovanni" ist eine seiner zahlreichen …

2. … sind Instrumentalstücke mit unterhaltsamem Charakter.

3. Seine ersten … führten ihn nach München und Wien.

4. „Eine kleine …" ist seine berühmteste Serenade.

5. Werke für Streicher und Bläser sind Teil seiner … .

6. Da er schon mit 4 Jahren Klavier spielte, nannte man ihn auch … .

7. Rund 60 … werden ihm zugeschrieben.

8. Mozarts Geburtshaus ist heute ein … .

9. Er wurde in … geboren.

10. Die „Krönungskonzerte" sind 2 seiner … .

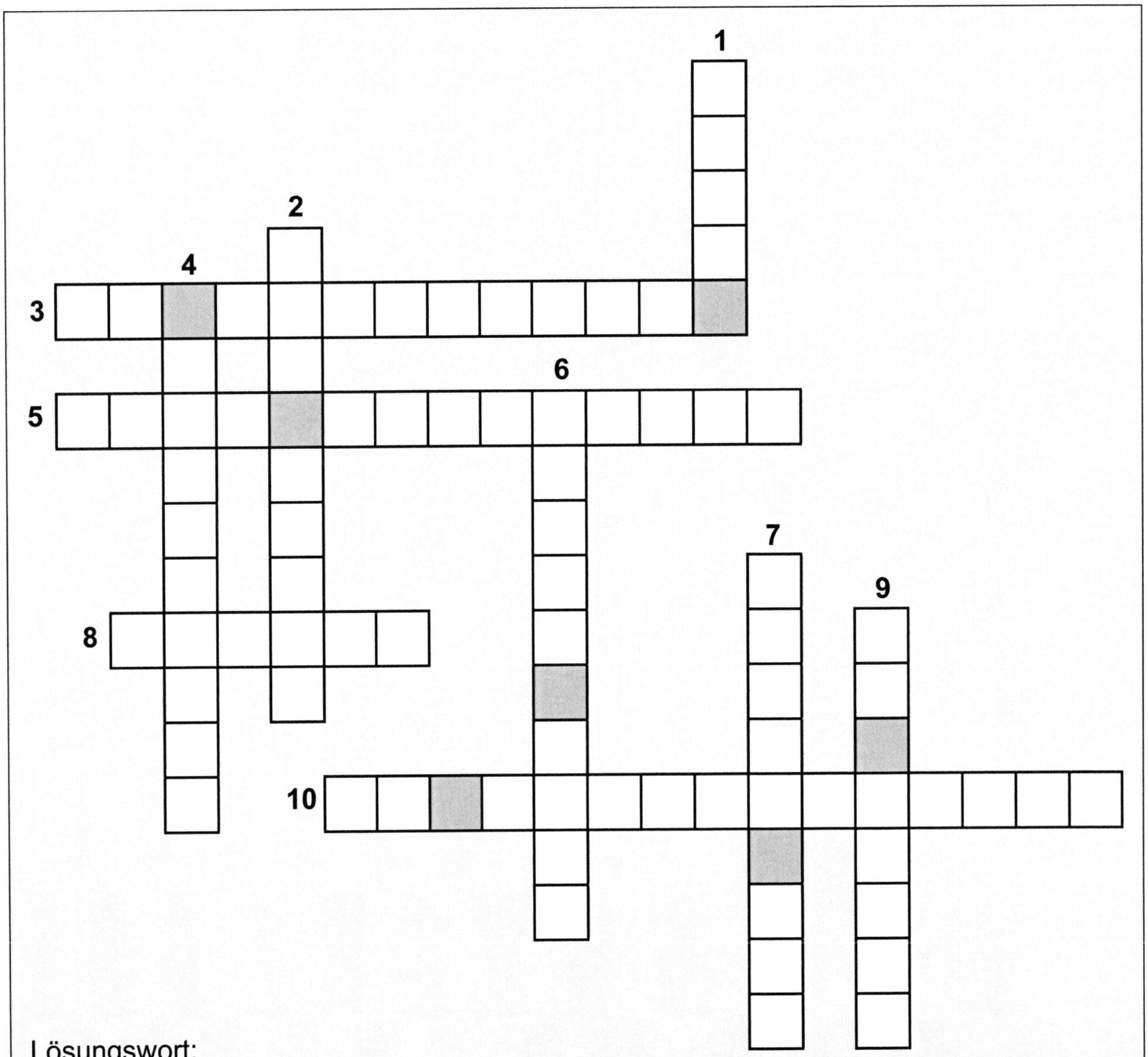

Lösungswort: _ _ _ _ _ _ _

Kreuzworträtsel „Zauberflöte"

1. Papagenos Lockinstrument
2. Name der Tochter der Königin der Nacht
3. ein solistisch vorgetragenes Gesangsstück mit Instrumentalbegleitung
4. Papagenos Tätigkeit
5. Name des Königssohn
6. die Dienerinnen vernichten sie
7. Element eines Prüfungsteils
8. Stadt der Uraufführung der Zauberflöte
9. Ort der Prüfungen
10. Chorlied auf Sarastro

| ü = ue |
| ö = oe |
| ä = ae |

Lösungswort: ___ ___ ___ ___ ___ ___

Mode & Outfit

Schau dir die Fotos und Bilder mit Blick auf Outfit und Frisur an.

Mozart als Kind

Mozart als Jugendlicher

Mozart als Erwachsener

seine Frau

sein Vater

seine Mutter

sein Sohn
Franz Xaver Wolfgang

seine Schwester Nannerl

sein Sohn Carl Thomas

Notiere auf weiteren Blättern, was dir an Kleidung und Frisur auffällt.

Stell dir vor, du bist ein Verwandter der Familie Mozart und hättest auch zu der Zeit gelebt. Wie würde dein Outfit aussehen? Welche Frisur hättest du getragen? Skizziere dein Styling auf einem Papier und hänge es in der Klasse aus.

MOZART KREATIV
Lebensgeschichte und Schaffen kreativ erarbeitet und umgesetzt – Bestell-Nr. 11 780
KOHL VERLAG

Quiz-Duell

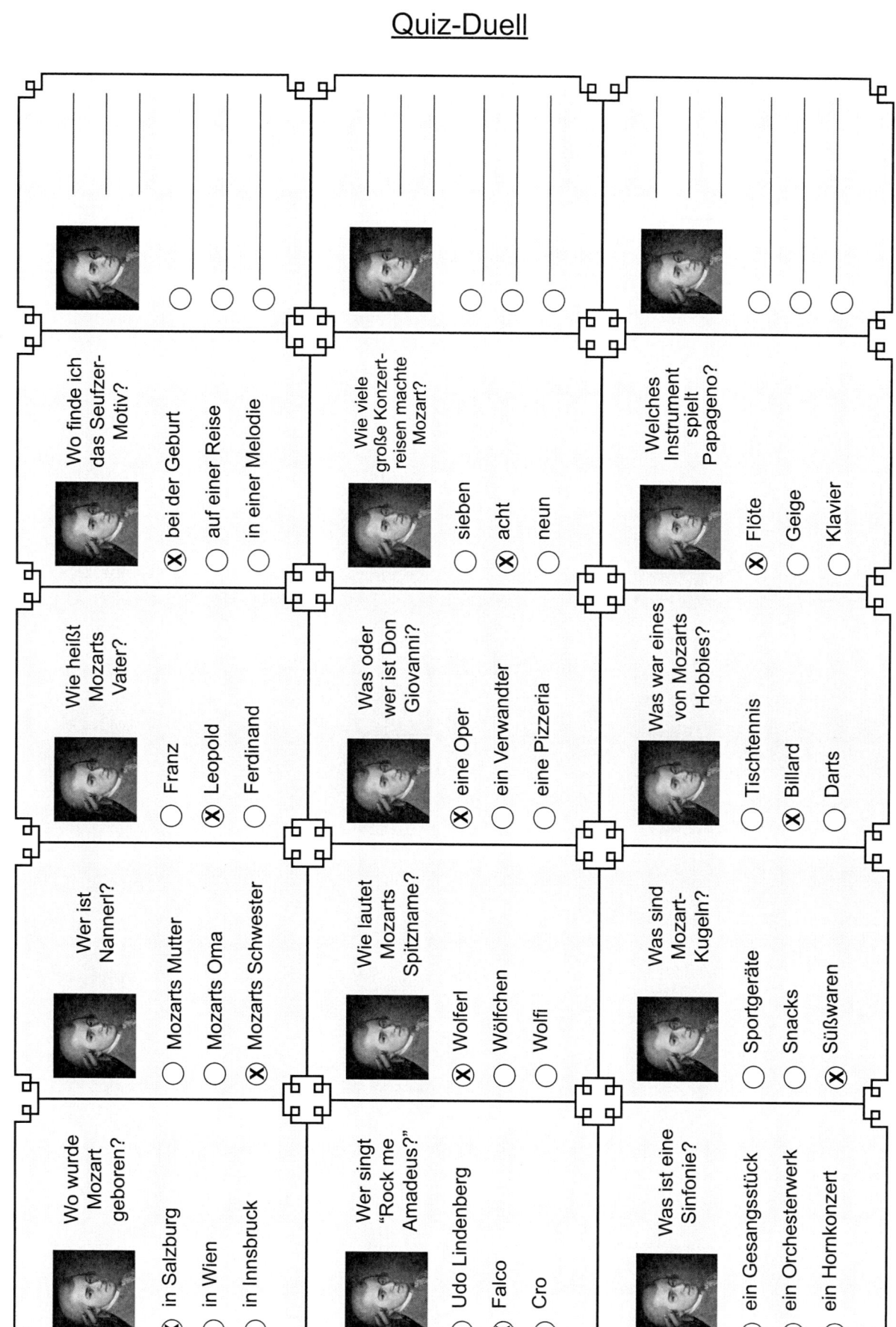

Wo finde ich das Seufzer-Motiv?
- ⊗ bei der Geburt
- ◯ auf einer Reise
- ◯ in einer Melodie

Wie viele große Konzert-reisen machte Mozart?
- ◯ sieben
- ⊗ acht
- ◯ neun

Welches Instrument spielt Papageno?
- ⊗ Flöte
- ◯ Geige
- ◯ Klavier

Wie heißt Mozarts Vater?
- ◯ Franz
- ⊗ Leopold
- ◯ Ferdinand

Was oder wer ist Don Giovanni?
- ⊗ eine Oper
- ◯ ein Verwandter
- ◯ eine Pizzeria

Was war eines von Mozarts Hobbies?
- ◯ Tischtennis
- ⊗ Billard
- ◯ Darts

Wer ist Nannerl?
- ◯ Mozarts Mutter
- ◯ Mozarts Oma
- ⊗ Mozarts Schwester

Wie lautet Mozarts Spitzname?
- ⊗ Wolferl
- ◯ Wölfchen
- ◯ Wolfi

Was sind Mozart-Kugeln?
- ◯ Sportgeräte
- ◯ Snacks
- ⊗ Süßwaren

Wo wurde Mozart geboren?
- ⊗ in Salzburg
- ◯ in Wien
- ◯ in Innsbruck

Wer singt "Rock me Amadeus?"
- ◯ Udo Lindenberg
- ⊗ Falco
- ◯ Cro

Was ist eine Sinfonie?
- ◯ ein Gesangsstück
- ⊗ ein Orchesterwerk
- ◯ ein Hornkonzert

MOZART KREATIV Lebensgeschichte und Schaffen kreativ erarbeitet und umgesetzt – Bestell-Nr. 11 780

KOHL VERLAG

5 Kreative Gestaltung & Spiele

Sextett

Setze im Uhrzeigersinn beginnend bei der Zahl ein.

1. Eine Oper von Mozart heißt „Die …..flöte".

2. Auch für dieses Holzblasinstrument hat Mozart ein Konzert geschrieben.

3. Eine Komposition für z. B. das Klavier.

4. Ein Reiseziel Mozarts.

5. Ein Vorname von Mozarts 2. Sohn.

6. Der Adelstitel von Franz I.

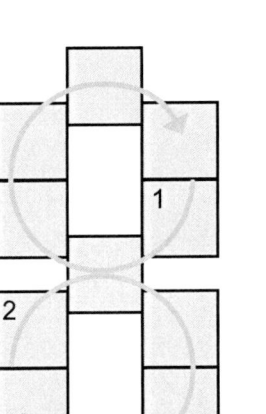

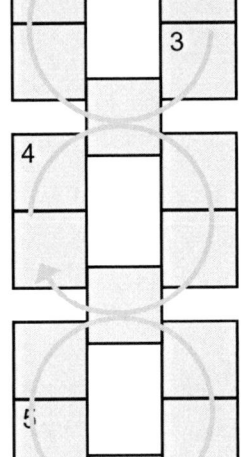

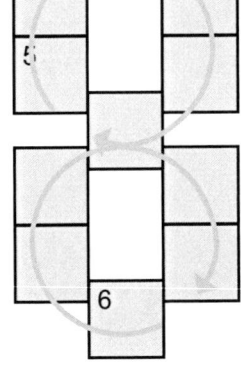

MOZART KREATIV Lebensgeschichte und Schaffen kreativ erarbeitet und umgesetzt – Bestell-Nr. 11 780

KOHL VERLAG

Würfelspiel

Das große
Mozart–Würfel–Spiel

Start

Ziel

Ereigniskarten

MOZART KREATIV Lebensgeschichte und Schaffen kreativ erarbeitet und umgesetzt – Bestell-Nr. 11 780

KOHL VERLAG

Ereigniskarten

Du besuchst Mozarts Geburtshaus in Salzburg. 3 mal aussetzen.

Du erkennst das Seufzer-Motiv in der g-Moll-Sinfonie. 2 Felder vor.

Das Lieblingsessen Sauerkraut mit Leberknödeln ist angebrannt. 2 Felder zurück.

Falco singt „Rock me Amadeus." 3 mal aussetzen.

Mozart busselt Kaiserin Maria Theresia. 3 Felder vor.

Mozart stirbt am 5. Dezember 1791 in Wien. 3 Felder zurück.

Wolferl und Nannerl werden auf der Italienreise krank. Noch einmal von vorne.

Mozart lernt Englisch, Französisch und Italienisch. 3 Felder vor.

Mozarts Vater Leopold kommt zu spät zur Postkutsche. 3 Felder zurück.

Das Kammermusik-Ensemble vergisst die Noten. Noch einmal von vorne.

Ein Rad der Postkutsche bricht auf der Reise nach London. Noch mal von vorne.

Die Zauberflöte wird in Wien uraufgeführt. 2 Felder vor.

Mozart wird am 27.01.1756 geboren. 3 Felder vor.

Mozarts Geige ist verstimmt. 2 mal aussetzen.

Papageno hat seine Flöte vergessen. 3 Felder zurück.

MOZART KREATIV Lebensgeschichte und Schaffen kreativ erarbeitet und umgesetzt – Bestell-Nr. 11 780

KOHL VERLAG

6 Lösungen

1 **Rock me Amadeus**

Aufgabe 2 a): Strophe 1: Punker, Wien, Schulden, Alkohol, Frauen
Strophe 2: Superstar, populär, exaltiert, Flair, Rockidol
Strophe 3: um 1780, Wien, kein Kredit, Schulden, Frauen
Strophe 4: Superstar, populär, exaltiert, Flair, Virtuose, Rockidol

2 **Sein Leben**

Aufgabe 1 b): mögliche Lösungen Haus: Hochhaus, viele Fenster, gelb, Getreidegasse 9
Wohnung: Stilmöbel, Tisch, Stühle, 2 große Schränke, Dielenboden, Flügel, 3 große Fenster, breite Tür

Aufgabe 2 b): 1 ja 2 nein 3 nein 4 nein 5 nein 6 ja 7 nein 8 ja 9 ja

Aufgabe 3: Steckbrief:

Name: Johannes Chrystopherus Wolfgang Gottlieb (→ Amadeus)

Spitzname: Wolferl

Geburtsort: Salzburg

geboren: 27. Januar 1756

gestorben: 5. Dezember 1791 in Wien

Eltern: Anna Maria und Leopold Mozart

Ehefrau: Maria Constanze Cäcilia Josepha Johanna Aloisia geb. Weber

Kinder: Raimund Leopold, Carl Thomas, Johann Thomas Leopold, Anna Maria, Franz Xaver Wolfgang, Theresia Constantia Adelhaid Friederike Maria Anna

Haarfarbe: blond

Augenfarbe: blau

Schulbildung: Vater als Heimlehrer

Sprachen: Deutsch, Französisch, Englisch, Italienisch

Lieblingsessen: Sauerkraut mit Leberknödeln

Hobbies: Kartentricks, Spiele, Billard, Kegeln

MOZART KREATIV Lebensgeschichte und Schaffen kreativ erarbeitet und umgesetzt – Bestell-Nr. 11 780

KOHL VERLAG

6 Lösungen

3 Seine Reisen
Aufgabe 1 b):

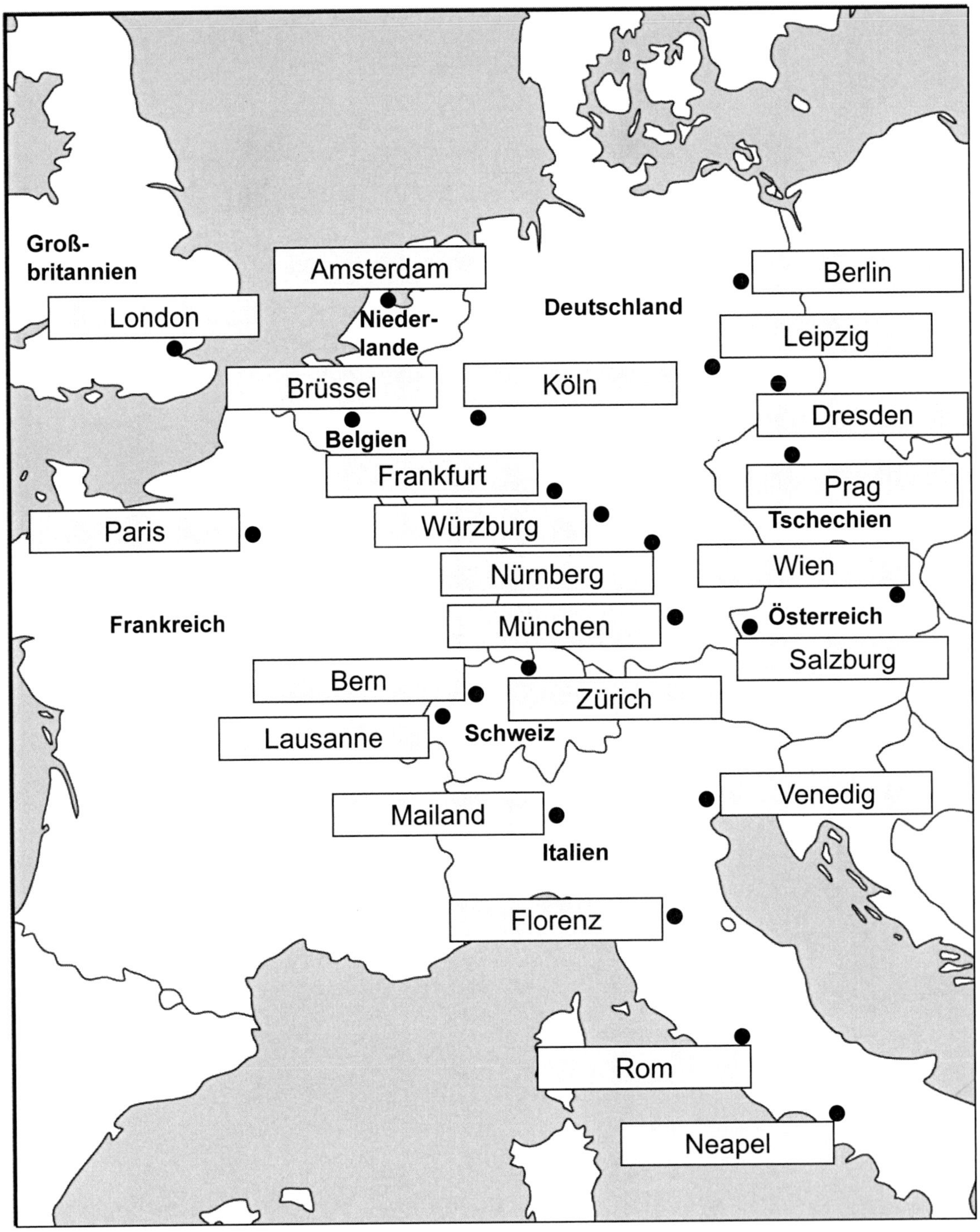

Groß-
britannien

Amsterdam

Berlin

London

Nieder-
lande

Deutschland

Leipzig

Brüssel

Köln

Dresden

Belgien

Prag

Frankfurt

Tschechien

Paris

Würzburg

Nürnberg

Wien

Frankreich

München

Österreich

Salzburg

Bern

Zürich

Lausanne

Schweiz

Venedig

Mailand

Italien

Florenz

Rom

Neapel

4 Seine Musik

Eine kleine Nachtmusik

Aufgabe 2:   **a)** mögliche Lösungen: ruhig, gemütlich, bewegt, bewegend, abwechslungsreich, etc.

Aufgabe 3:   **a)** mögliche Lösungen: Streicher, auf und ab, kurze/ lange Töne, ruhig, gemütlich

MOZART KREATIV
Lebensgeschichte und Schaffen kreativ erarbeitet und umgesetzt   –   Bestell-Nr. 11 780

6 Lösungen

4 *Sinfonie Nr. 40 g-Moll*

Aufgabe 1:   **b)** mögliche Lösungen: ratlos, hilflos, ärgerlich, traurig, enttäuscht, schmerzhaft, wütend, verständnisvoll, weinerlich, wehmütig, etc.

Aufgabe 2:   **a)** mögliche Lösungen: Gleittöne, laut/ leise, hoch/ tief, kurz/ lang, etc.

Aufgabe 3:   **b)** zwei nebeneinanderliegende Töne abwärts, gebunden; Tonsprung aufwärts; Tonfolgen stufenweise abwärts, etc.

Aufgabe 4:   **a)** 1c, 2i, 3e, 4f, 5h, 6g, 7d, 8b, 9a

            b)

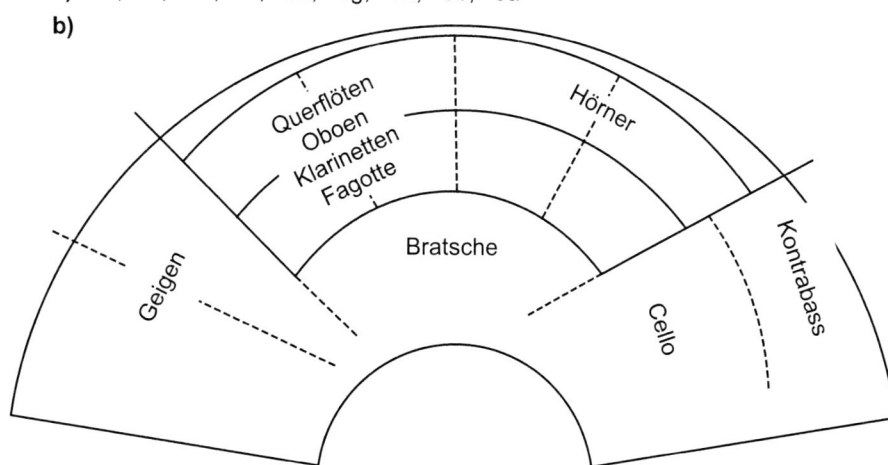

Die Zauberflöte

Aufgabe 2:

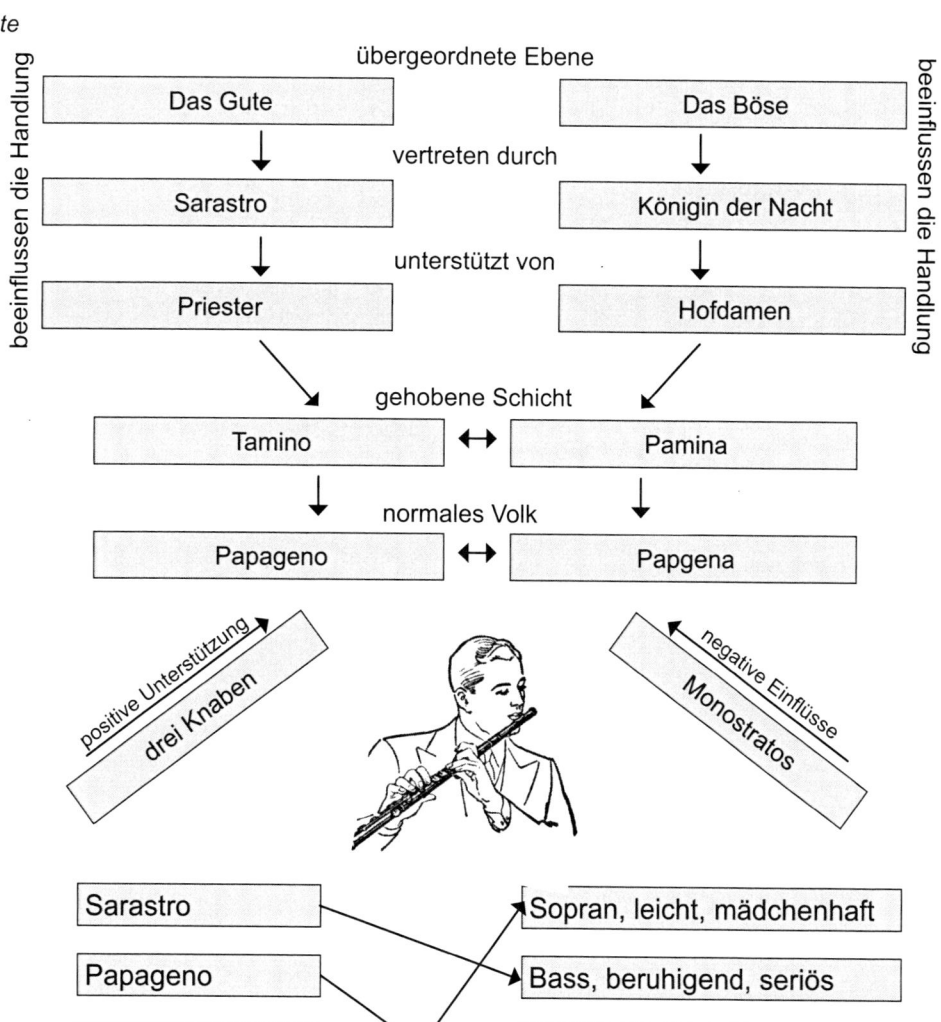

Aufgabe 3:

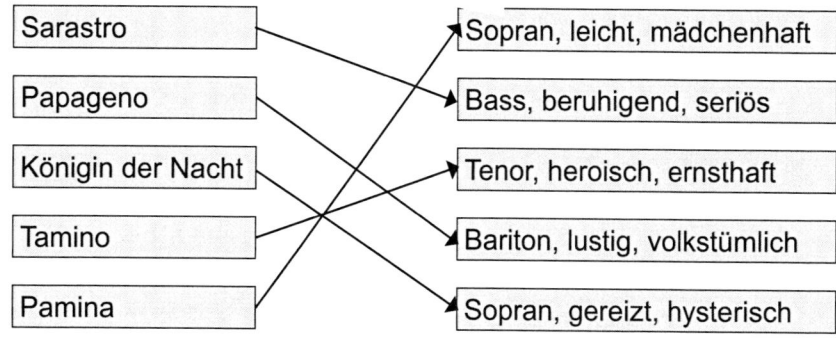

MOZART KREATIV
Lebensgeschichte und Schaffen kreativ erarbeitet und umgesetzt – Bestell-Nr. 11 780

KOHL VERLAG

5 Kreatives Kreuzworträtsel Mozart

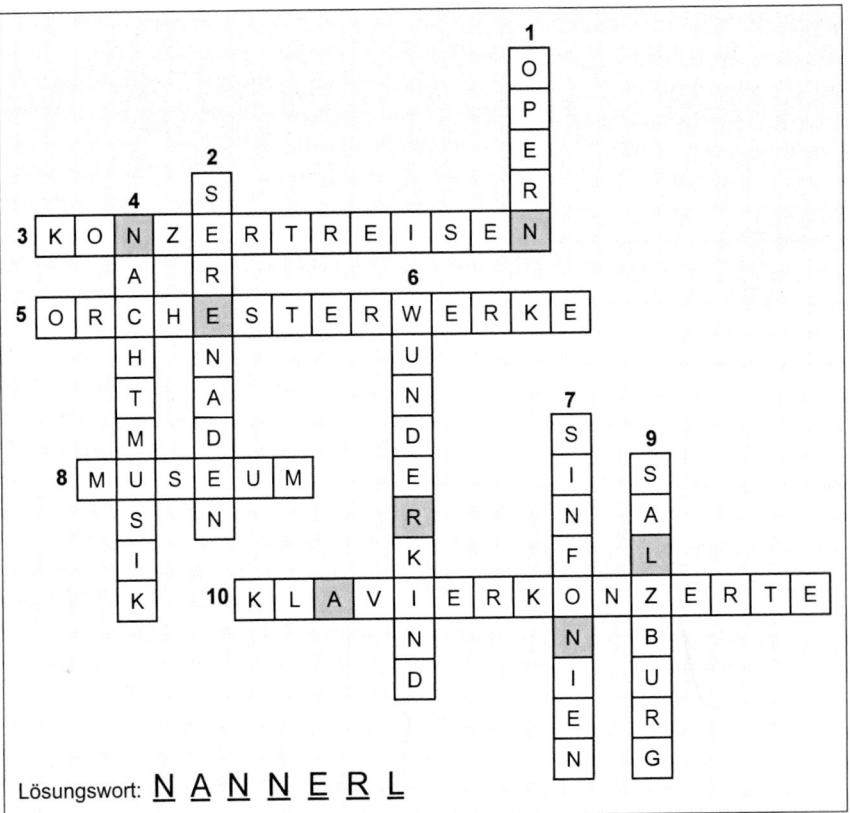

Lösungswort: <u>N</u> <u>A</u> <u>N</u> <u>N</u> <u>E</u> <u>R</u> <u>L</u>

Kreuzworträtsel „Die Zauberflöte"

Sextett

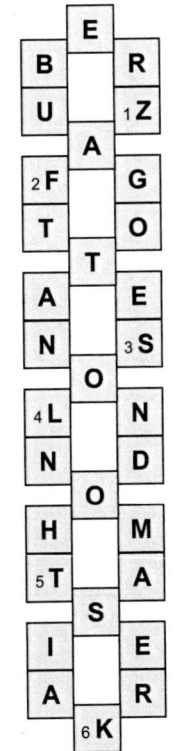

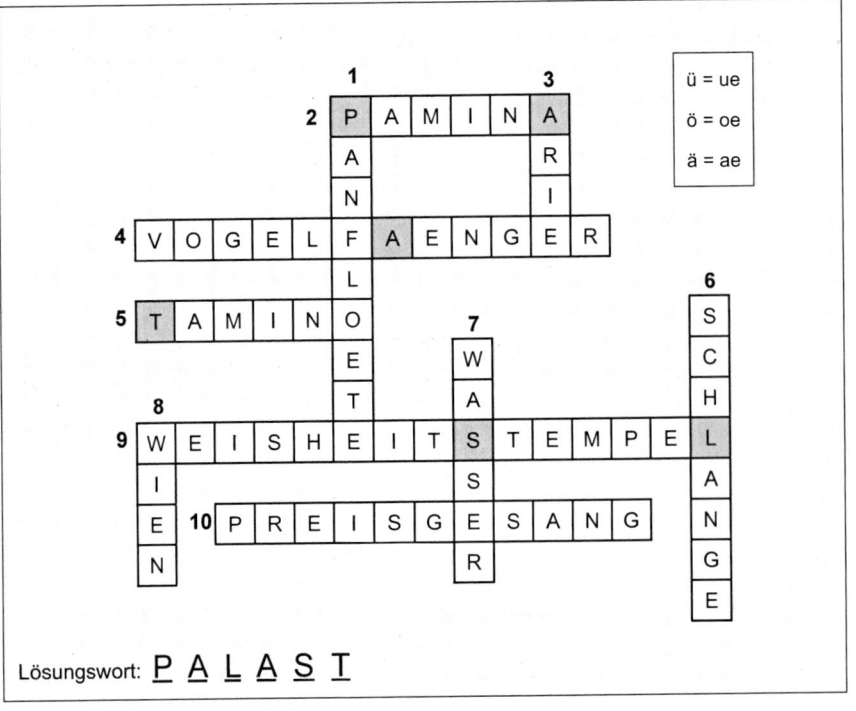

Lösungswort: <u>P</u> <u>A</u> <u>L</u> <u>A</u> <u>S</u> <u>T</u>

MOZART KREATIV Lebensgeschichte und Schaffen kreativ erarbeitet und umgesetzt – Bestell-Nr. 11 780

KOHL VERLAG